MEHR WISSEN ÜBER
BIENEN

von Jill Hughes

Bilder von
Tony Swift und Norman Weaver

Deutsch von
Hans Joachim Conert

Die Hautflügler

Wollschweber

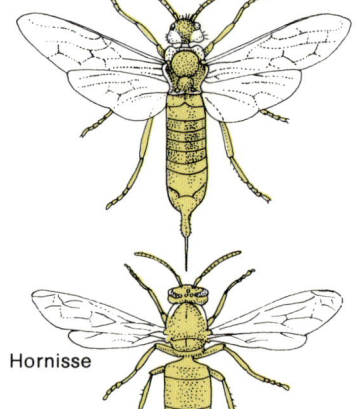

Hummel

Hautflügler und Zweiflügler
Die Fliegen haben ebenfalls dünne, häutige, durchsichtige Flügel, aber sie gehören zur Ordnung der Zweiflügler, da sie im Gegensatz zu den Hautflüglern nur ein Paar Flügel haben. Der harmlose Wollschweber, ein Zweiflügler, ahmt die Gestalt einer Hummel nach, die durch ihren Giftstachel sehr wehrhaft ist, und täuscht so seine Feinde.

Pflanzenwespe

Hornisse

Die Wespentaille
Bei den Pflanzenwespen ist der Körper von vorn bis hinten gleich breit und nicht gegliedert. Bei den meisten Hautflüglern ist er dagegen durch eine Wespentaille eingeschnürt.

Bienen und Wespen gehören zur Insektenordnung *Hymenoptera.* Dieser Name ist von dem griechischen Wort *hymen* (= Haut) abgeleitet und heißt wörtlich übersetzt: Hautflügler. Der Name ist sehr treffend für die Tiere, die zu dieser Ordnung gezählt werden, denn sie haben zwei Paar Flügel, die so dünn und durchsichtig sind, daß man die Nerven deutlich erkennen kann. Die Hymenopteren sind eine der größten Ordnungen der Insekten. Mehr als 100 000 Arten gehören dazu. Bekannte Gruppen der Hautflügler sind die Pflanzenwespen, Schlupfwespen und Gallwespen sowie die Stechimmen.

Die Vorfahren der Hautflügler haben wahrscheinlich so ausgesehen wie die heute lebenden Pflanzenwespen. Sowohl die Holzwespen als auch die Blattwespen, die zu den Pflanzenwespen gehören, haben einen gerade gestreckten, gleichmäßig dicken Körper, der auch nicht den Ansatz einer Wespentaille zeigt. Sie haben zudem einen mehr oder minder langen Legebohrer am Hinterteil ihres Körpers, mit dem sie die Eier entweder im Splintholz von Bäumen oder in Blättern ablegen. Einen Giftstachel haben diese Tiere nicht. Die Stechimmen oder *Aculeatae* gehören zu den weitaus höher entwickelten und mehr spezialisierten Gruppen der Hautflügler. *Aculeus* ist ein lateinisches Wort und bedeutet Stachel. Der Legebohrer der Weibchen ist bei diesen Gruppen zu einem Giftstachel umgebildet, der mit einer Giftdrüse in Verbindung steht und in einer Tasche untergebracht ist. Die Stechimmen gehören zur zweiten Unterordnung der Hautflügler, bei der alle Tiere eine Wespentaille haben. Durch diese Einschnürung ist der Körper sehr gelenkig und der Hinterleib nach allen Seiten biegsam.

Alle Hautflügler machen in ihrer Entwicklung eine völlige Umwandlung durch. Aus dem Ei schlüpft eine madenförmige Larve, die heranwächst und sich schließlich verpuppt. In der Puppe findet ein totaler Umbau des ganzen Körpers statt, während sich das Tier äußerlich in einem Ruhestadium befindet. Schließlich schlüpft ein geflügeltes, fertiges Insekt aus der Puppe, das sich vermehren kann. Die Larven der Pflanzenwespen kriechen umher und suchen selbst ihre Nahrung. Die Larven der staatenbildenden Insekten können sich nicht selbst ernähren, sie werden gefüttert.

Die einzeln lebenden (solitären) Stechimmen (siehe Seite 22) legen einen Nahrungsvorrat für ihre Nachkommenschaft an. Anschließend kümmern sie sich nicht mehr um die Eier und Larven. Die staatenbildenden Stechimmen betreiben dagegen eine intensive Brutpflege. Nur ein einziges Tier in diesem Staat sorgt für die Vermehrung: die Königin. Sie allein kann Eier legen. Aus den befruchteten Eiern schlüpfen Larven, die sich entweder zu unfruchtbaren Weibchen (Arbeiterinnen) entwickeln oder zu Weibchen, die eines Tages selbst Eier legen können. Aus unbefruchteten Eiern entwickeln sich dagegen Drohnen (Männchen), deren einzige Aufgabe darin besteht, die Königin bei ihrem Hochzeitsflug zu begatten.

Solitäre Arten

Stechimmen, bei denen die Tiere
einzeln leben, nennt man solitär.
Eine solitäre Art ist die Pillenwespe.
Sie »mauert« mit ihren Eiern zusammen andere Insekten in einen Topf
ein und versorgt auf diese Weise
die ausschlüpfenden Larven mit
Nahrung.

Schmarotzerwespen

Eine Schmarotzerwespe folgt einer
Wegwespe, die eine Spinne zu ihrem
Nest schleppt. Während die Wegwes-
pe ihr Beutetier einmauert, legt die
Schmarotzerwespe schnell ein Ei
darauf ab.

Insektenstaaten

Honigbienen, Hummeln, Wespen
und Ameisen leben in Staaten zusammen, in denen die Arbeiten auf
bestimmte Kasten verteilt sind. Die
Königin ist die Mutter des Staates
und wird von den Arbeiterinnen versorgt und beschützt.

5

Die Familie der Bienen

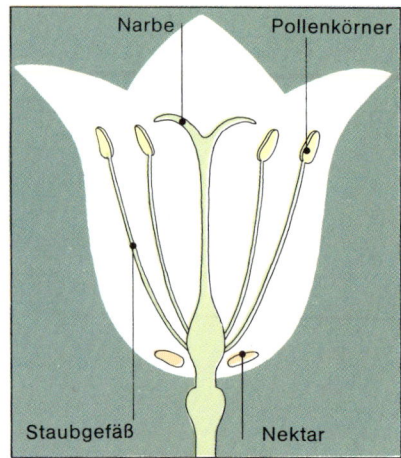

Nektar und Pollen
Viele Pflanzen haben in ihren Blüten einen Zuckersaft, den sogenannten Nektar. Er wird von den Insekten begierig aufgeleckt. Dabei werden die Pollenkörner von den Staubbeuteln abgestreift und auf die nächste Blüte übertragen.

Blütenbesucher
Die Honigbienen saugen den Nektar auf und sammeln ihn in ihrem Honigmagen. Außerdem sammeln sie auch den Pollen, den sie mit besonderen Bürsten in die Pollenkörbchen an ihren Hinterbeinen fegen.

Zu den heute lebenden Vertretern der Bienen gehören nicht nur die Honigbienen, sondern auch die Hummeln. Sie haben sich stammesgeschichtlich aus den Grabwespen entwickelt. Der entscheidende Schritt in der Entwicklung der Bienen ist wohl der Wechsel in der Ernährung der Larven, die bei den Grabwespen Fleischfresser sind, während sie bei den Bienen und Hummeln mit Pollen und Honig gefüttert werden. Auch die erwachsenen Tiere ernähren sich von Nektar und den Pollenkörnern der Blütenpflanzen.

Ursprünglich leckten die Bienen und Hummeln wohl nur den süßen Zuckersaft auf, der am unteren Ende der Blütenblätter austrat; dabei wurde ihr dichter Pelz von den Staubgefäßen mit Pollenkörnern überpudert. Beim Niederlassen auf einer anderen Blüte streiften die Insekten einen Teil dieser Pollenkörner auf die Narbe der Blüte und bestäubten sie so. Bald müssen die Insekten aber »gemerkt« haben, welch eiweißhaltiges Futter die Pollenkörner sind, und sie sammelten sie nun auch für ihre eigene Ernährung. Bienen und Hummeln können überall dort existieren, wo es Blütenpflanzen gibt. Da es zur Zeit der Entstehung und ersten Entwicklung der Blütenpflanzen fast

Die Bestäubung der Blüten

Wenn eine Honigbiene eine Blüte anfliegt, um den Nektar aufzusaugen, streift sie die Staubbeutel der Blüte. Dabei haften Pollenkörner an ihrem behaarten Körper fest. Wenn die Biene zur nächsten Blüte fliegt, streift sie diese Pollenkörner auf der klebrigen Narbe der Blüte ab. Diesen Vorgang nennt man »Bestäubung«.

auf der ganzen Erde ziemlich warm war, war die Familie der Bienen damals weit verbreitet. Heute hängt das Vorkommen der einzelnen Arten im wesentlichen von der Tageslänge, der Temperatur und der Dauer der Vegetationszeit ab. Ist der Winter sehr lang, haben die Tiere erhebliche Schwierigkeiten, diese ungünstige Zeit zu überleben. Sie paaren sich im Herbst, und während die Männchen danach sterben, überwintern die befruchteten Weibchen an geschützten Plätzen. Bei den Hummeln sind das oft tief in den Boden reichende Mauselöcher. Im Frühling legen sie Eier, aus denen bald die Larven schlüpfen. Bei manchen Arten werden die Eier schon im Herbst abgelegt. Die Tiere überwintern als Larven oder Puppen, und das fertige Insekt schlüpft im Frühling.

Die Honigbienen sind die einzigen Vertreter dieser Familie, bei denen der ganze Staat überwintert. Sie speichern im Sommer Honig und Pollen in ihrem Nest und ballen sich im Winter um die Königin zusammen, um sie warm und gesund zu halten. Alle echten Bienen machen aus Nektar Honig; aber nur die Honigbienen stellen so viel davon her, daß es für den Menschen lohnt, ihre Vorräte auszubeuten.

Überwinterung

Bei den Hummeln sucht eine junge Königin unter Gras und Laub eine schützende Stelle, an der sie überwintern kann. Bei den Honigbienen wird die Königin von vielen Arbeiterinnen umgeben, die sie wärmen und füttern.

7

Die Honigbienen

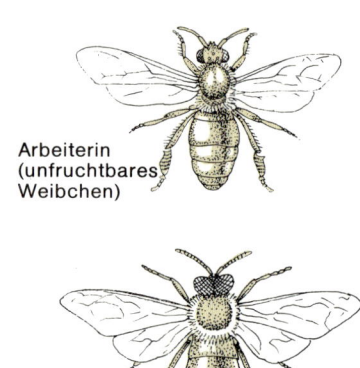

Arbeiterin
(unfruchtbares
Weibchen)

Drohne
(Männchen)

Königin
(fruchtbares
Weibchen)

Die Bienen gehören zu den wenigen Insekten, die man als »Haustiere« bezeichnen kann. Schon seit Jahrtausenden leben sie mit dem Menschen zusammen, aber alles, was er für diese Tiere tun kann, ist, ihnen fertige Bienenstöcke anzubieten. Drei der vier Arten von Honigbienen leben wild. Sie sind im indischen und malaiischen Raum verbreitet. Die Zwergbiene, die Riesenbiene und die Indische Biene bauen kleine Nester, die von Ästen oder Felsen herabhängen. Die einzige gezüchtete Honigbiene teilt sich in zahlreiche geographische Rassen, die aber miteinander gekreuzt werden können.

Bei den Honigbienen überwintert nicht nur die Königin, sondern der ganze Staat. In jedem Bienenstaat gibt es drei Kasten: die Königin, die Arbeiterinnen und die Drohnen. Diese Kasten sind leicht zu unterscheiden, denn die Tiere sind auch äußerlich – ihren Aufgaben gemäß – verschieden. Die Königin ist wesentlich größer als die Arbeiterinnen. Ihr fehlen die Mundwerkzeuge, die zum Sammeln von Nektar nötig sind, und sie hat auch keine Pollenkörbchen an den Hinterbeinen. Auch die Drohnen sind größer als die Arbeiterinnen. Sie zeichnen sich durch auffallend große Facettenaugen aus, die einander auf der Oberseite des

Ein Bienennest

Wilde Bienen senden vor dem Schwärmen einen Suchtrupp aus, der eine günstige Stelle für das neue Nest sucht, zum Beispiel einen hohlen Baum.

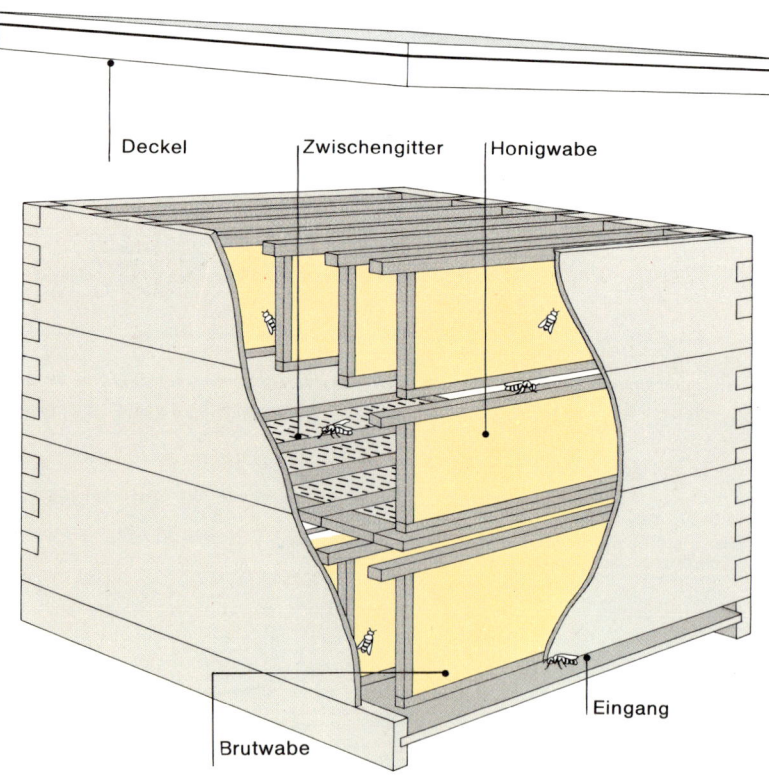

Deckel · Zwischengitter · Honigwabe

Brutwabe · Eingang

Der Bienenstock

Der untere Teil des Bienenstockes enthält die Brutzellen, der obere die Honigzellen. Dazwischen wird ein Gitter geschoben, so daß die Königin nicht an die Honigwaben kommen kann, um dort Eier zu legen.

Kopfes berühren. Damit können sie die Königin beim Hochzeitsflug leicht erkennen. Nur einem Drohn gelingt es, sich mit der Königin zu paaren, und das bezahlt er mit dem Leben. Die Königin nimmt bei der Begattung so viele Samenzellen auf, daß alle Eier, die sie in den fünf Jahren ihres Lebens legt, damit befruchtet werden können. Die Arbeiterinnen sind unfruchtbare Weibchen, die alle im Stock anfallenden Arbeiten erledigen. Sie füttern die Königin, die Drohnen und die Larven, sie säubern den Stock, sammeln Nektar und Pollen und bauen Waben. Nur die weiblichen Bienen – Königin und Arbeiterinnen – haben Stachel. Bei den Arbeiterinnen besteht er aus zwei Stechborsten, die mit Widerhaken versehen sind, und steht mit einer Giftblase in Verbindung. Eine Arbeiterin, die einen Menschen gestochen hat, kann ihren Stachel nicht wieder aus dessen Haut herausziehen, und meist wird dabei der ganze Giftapparat aus ihrem Hinterleib herausgerissen. Sie überlebt diese Verletzung nicht. Die Königin hat einen Stachel, der nur aus einer einzigen Stechborste besteht, die keine Widerhaken hat. Sie verwendet ihn ausschließlich gegen andere Königinnen, die zugleich mit ihr geschlüpft sind.

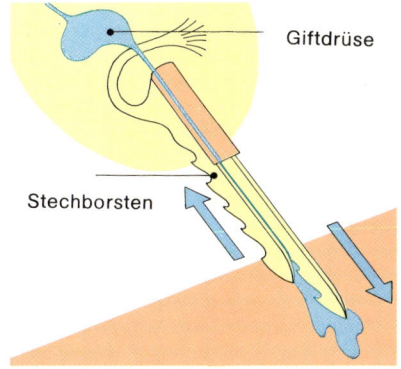

Der Stachel
Der Stachel der Bienen ist mit Widerhaken besetzt. Er wird in das Opfer gestoßen, und aus der Giftdrüse wird Gift in den Einstichkanal gepumpt.

Die Arbeiterinnen
Die Arbeiterinnen sind auch äußerlich von der Königin und den Drohnen verschieden. Sie haben ganz andere Aufgaben im Bienenstaat zu erfüllen, als die Tiere, die ausschließlich für die Vermehrung sorgen. Arbeiterinnen haben gut ausgebildete Flügel, mit denen sie weite Strecken zurücklegen können, und einen wehrhaften Stachel, mit dem sie sich und den Bienenstock verteidigen. Die größte Spezialisation zeigen aber ihre Beine. Hier gibt es besondere Putzscharten, mit denen die Fühler gesäubert werden. Bürsten an den Beinen dienen zum Zusammenfegen von Pollenstaub und zum Abheben von Wachsplättchen. An den Hinterbeinen sind außerdem Pollenkörbchen ausgebildet, in denen die Pollenkörner transportiert werden. Die aufgeleckten Nektartropfen werden ständig über die lange Zunge gerollt, trocknen dabei ein und ergeben schließlich den Honig.

Facettenauge

Fühler

Zunge

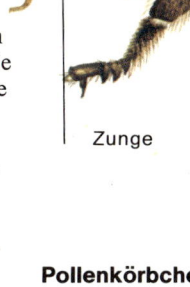

Pollenkörbchen

Bürste

Pollenkörbchen
An den Hinterbeinen haben die Arbeiterinnen eine besondere Vorrichtung, in der sie den Pollen transportieren können. Mit besonderen Bürsten werden die Körner in die Pollenkörbchen gefegt.

9

Die Gründung eines Staates

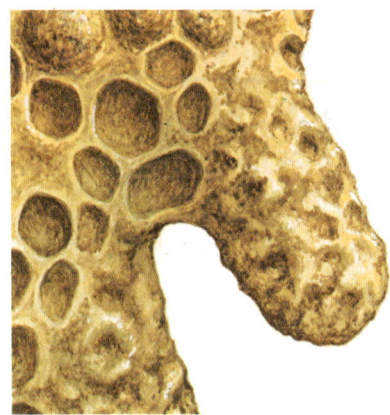

Die Königinnenzellen
Königinnenzellen sind wesentlich größer als normale Brutzellen. Etwa sechs davon werden am Rande einer Wabe angelegt. Sie haben ein eichelförmiges Aussehen und hängen herab. Die einzelnen Eier sind mit einem Futterpolster am Grunde der Zellen festgeklebt. Aus ihnen schlüpfen nach drei Tagen die Larven. Sie wachsen schnell heran und werden unermüdlich von den Arbeitsbienen gefüttert.

Der Bienenschwarm
Nachdem die alte Königin Eier in die Königinnenzellen gelegt hat, verläßt sie den Bienenstock. Tausende von Arbeiterinnen und einige Drohnen folgen ihr in einem riesigen Schwarm, der innerhalb von zwei Tagen einen neuen Stock bezieht.

Bei Beginn des Frühlings erwachen die Bewohner des Bienenstaates aus ihrer Winterstarre. Die ersten Sonnenstrahlen locken viele Arbeiterinnen aus dem Stock, um Frühlingsblüher zu suchen, die ihnen Pollen und Nektar liefern. In unserem Klima sind es zuerst die Weiden, deren Kätzchen unermüdlich aufgesucht werden. Andere Arbeiterinnen beginnen mit dem Frühjahrsputz: Der Stock wird gesäubert, aller Unrat und die während des Winters verstorbenen Bienen werden entfernt. Die Königin beginnt mit der Eiablage und steigert ihre Produktion bis auf 1000 und sogar 1500 Eier am Tag. Bald schlüpfen aus ihnen Tausende von Arbeiterinnen und Hunderte von Drohnen. Wenn die Zahl der Bienen einen Höchststand erreicht hat, beginnen die Arbeiterinnen, Königinnenzellen zu bauen. Das ist der erste Schritt zur Teilung des Bienenvolkes. Gewöhnlich werden sechs Zellen nebeneinander angelegt. Sie sind größer als Arbeiterinnenzellen und hängen vom Rande einer Wabe herab. Im Gegensatz zu den anderen Zellen werden Königinnenzellen nur einmal verwendet und dann von den Arbeiterinnen sofort zerstört. Die Königin legt nun in jede Zelle ein Ei, das sich in keiner Weise von denen unterscheidet, aus denen die Arbeiterinnen schlüpfen werden. Drei Tage lang erhalten alle frisch geschlüpften Larven die gleiche Nahrung. Während die Arbeiterinnenlarven danach mit Pollen und Honig gefüttert werden, erhalten die Königinnenlarven spezielle eiweißreiche Nahrung. Sie wird aus besonderen Drüsen in den Mund der Arbeitsbienen ausgeschie-

den und von ihnen an die Larven verfüttert. Etwa sechzehn Tage nach der Eiablage schlüpfen die Königinnen aus den Puppen. Bevor sie schlüpfen, verläßt die alte Königin den Stock. Ein Teil der Arbeiterinnen folgt ihr, und in einem Tausende von Tieren umfassenden Schwarm fliegen die Bienen auf und davon. Bei wilden Bienen werden meist einige Arbeiterinnen als Suchtrupp vorausgeschickt, um sich nach einem geeigneten Unterschlupf – meist einem hohlen Baum – umzusehen. Bei den »Hausbienen« wartet der Imker bereits mit einem leeren Bienenstock auf den Schwarm.

Sobald die Bienen in den Stock eingezogen sind, beginnen sie mit dem Bau von Waben. Zwischen den einzelnen Ringen ihres Hinterleibes werden auf der Unterseite kleine Wachsschuppen ausgeschieden, die sie so lange durchkneten oder durchkauen, bis sie sich verarbeiten lassen. Viele Arbeiterinnen hängen jetzt in Girlanden zusammen und legen das Fundament für die sechskantigen, völlig regelmäßigen Waben. In dieser Zeit sind sie zu beschäftigt, um auf Futtersuche zu gehen; aber bevor sie den alten Stock verließen, haben sie ihren Kropf noch einmal mit Honig gefüllt, von dem sie jetzt zehren. Sobald die ersten Waben fertig sind, beginnt die Königin, Eier zu legen. In dem Maße, wie die alten Arbeiterinnen nach etwa vier bis fünf Wochen sterben, wachsen im Stock junge Arbeitsbienen nach, bis das Volk im Sommer eine Stärke von 50- bis 70 000 Tieren erreicht hat.

Girlanden
Die erste Aufgabe der Arbeiterinnen ist es, im neuen Bienenstock Waben zu bauen, damit die Königin Eier legen kann. Die Arbeiterinnen bilden dabei richtige Girlanden.

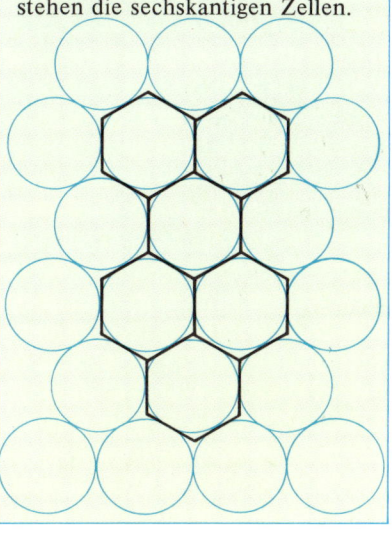

Die Waben
Jede Wabe besteht aus vielen, sehr regelmäßigen Zellen. Bei ihrem Bau werden zuerst Röhren mit einem kreisförmigen Querschnitt angelegt. Sie berühren einander an sechs Stellen. Erst dadurch, daß die Bienen diese Röhren ausweiten, entstehen die sechskantigen Zellen.

Die Eiablage
Sobald die ersten Waben fertig sind, beginnt die Königin mit der Eiablage. Die Arbeitsbienen, die ihr aus dem alten Stock gefolgt sind, leben nur noch wenige Wochen. Jetzt schlüpfen neue Arbeiterinnen.

Die Thronfolgerin

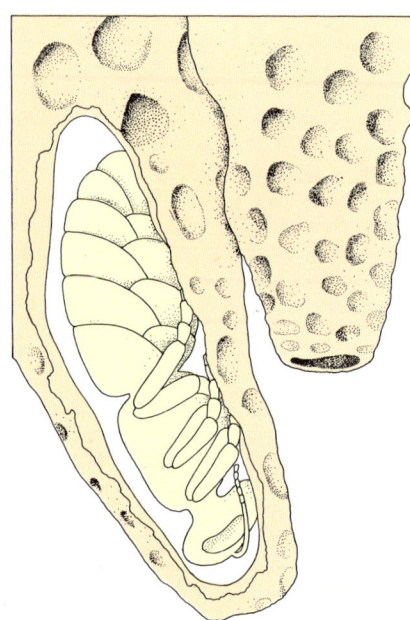

Die verpuppte Königin
Die Larve, die sechs Tage lang mit besonders eiweißreicher Nahrung gefüttert worden ist, hat sich nun verpuppt. Zehn Tage hängt sie kopfabwärts in der Königinnenzelle, bis sie schlüpft.

Wenn der Schwarm den Stock verlassen hat, sind die zurückbleibenden Bienen eine Zeitlang ohne Königin, aber bald sind aus der Königinzelle quakende Laute zu hören, die anzeigen, daß eine junge Königin schlupfbereit ist oder die Zelle bereits verlassen hat. Diese Laute sind zugleich Warnruf und Herausforderung. Sie werden von den noch nicht geschlüpften Königinnen beantwortet. Die neue Königin läuft sofort auf die Zellen zu, beißt sie auf und überläßt den Arbeiterinnen, sie mitsamt Inhalt zu zerstören. Ist zugleich eine zweite Königin geschlüpft, so beginnt zwischen den beiden Rivalinnen ein Kampf auf Leben und Tod. Die stärkere Königin tötet die schwächere durch zahlreiche Stiche. Wenn die Arbeiterinnen bemerken, daß die Zahl der Tiere für den Stock noch zu groß ist und ein zweiter Schwarm ihn verlassen muß, so trennen sie die Königinnen gewaltsam und halten sie isoliert, bis die eine den Stock zusammen mit einem Schwarm verläßt.

Zuerst beachten die Arbeiterinnen die junge Königin nur wenig. Sie füttern sie zwar, überlassen sie aber sonst ihrem Schicksal. Die Königin unternimmt in den nächsten Tagen kurze Orientierungsflüge, bis sie den Standort des Stockes und seinen Eingang kennengelernt hat. Etwa zehn Tage nach dem Schlüpfen startet sie zu ihrem Hochzeitsflug. Er führt steil in die Luft und 4 bis 5 km weit vom Bienenstock weg. Die Drohnen, die schon längst auf dieses Ereignis gewartet haben, folgen der Königin wie ein Kometenschweif. Nur einem Drohn gelingt es, sich der Königin zu nähern. Im Flug findet die Begattung statt,

Die Nachfolgerin
Wenn aus den etwa sechs Brutzellen gleichzeitig mehrere Königinnen schlüpfen, beginnt ein Kampf auf Leben und Tod. Die stärkste Königin tötet ihre Rivalinnen durch zahlreiche Stiche. Auf ihre quakenden Rufe antworten auch die noch nicht geschlüpften Königinnen.

deren Ende für den Drohn den Tod bedeutet. Sein Begattungsorgan bleibt im Körper der Königin stecken, wie der Stachel einer Arbeiterin, die einen Menschen sticht. Wenn die befruchtete Königin in den Stock zurückkehrt, hat sich das Verhalten der Arbeiterinnen völlig geändert. Sie umsorgen die Königin, füttern und putzen sie, so daß sie sich auf die einzige Aufgabe konzentrieren kann, die sie zu erledigen hat: Eier zu legen. Außerdem hält die Königin aber das ganze Bienenvolk zusammen. Sie scheidet einen bestimmten Stoff aus, den die Arbeiterinnen ablecken und von Tier zu Tier weitergeben. Dadurch erhalten alle Tiere denselben Geruch, an dem sie sich erkennen, denn die Duftstoffe sind bei jeder Königin verschieden.

Bei einer alten Königin nehmen die Wirkstoffe dieser Substanz allmählich ab. Sobald die Arbeiterinnen das feststellen, bauen sie Königinnenzellen. Sobald die Königin Eier in diese Zellen gelegt hat, verläßt sie den Stock, oder sie wird von den Arbeiterinnen, manchmal aber auch von einer frisch geschlüpften Königin getötet.

Die Drohnen, die den ganzen Sommer hindurch von den Arbeitsbienen gefüttert wurden, werden im Herbst aus dem Bienenstock getrieben. Sie haben ihre Aufgabe erfüllt und stellen nur noch eine Belastung des Bienenvolkes dar. Drohnen, die den Stock nicht verlassen, werden nicht mehr gefüttert und verhungern. Das gleiche Schicksal haben die Ausgetriebenen. Auf diese Weise bereitet sich das Volk auf den Winter vor, den es im Normalfall mit einer Königin und etwa 15- bis 20 000 Arbeitsbienen übersteht.

Die Austreibung der Drohnen
Am Ende des Sommers vertreiben die Arbeiterinnen die nun überflüssigen Drohnen, indem sie sie nicht mehr füttern und aus dem Nest treiben.

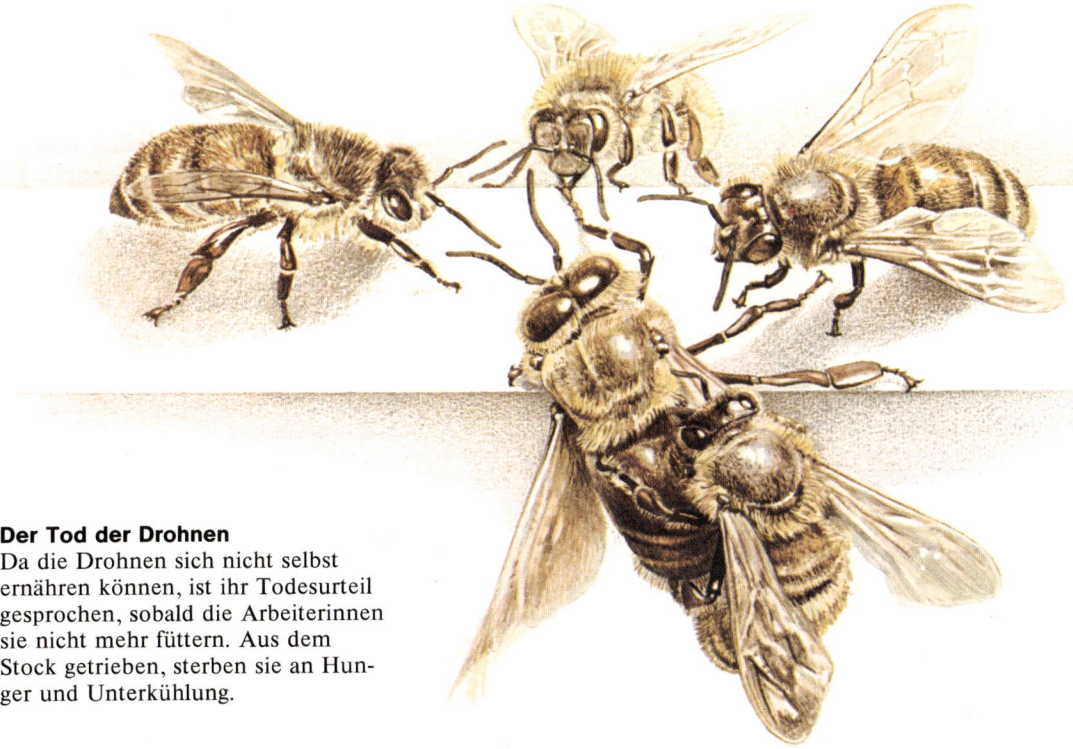

Der Tod der Drohnen
Da die Drohnen sich nicht selbst ernähren können, ist ihr Todesurteil gesprochen, sobald die Arbeiterinnen sie nicht mehr füttern. Aus dem Stock getrieben, sterben sie an Hunger und Unterkühlung.

Der Lebenslauf einer Arbeiterin

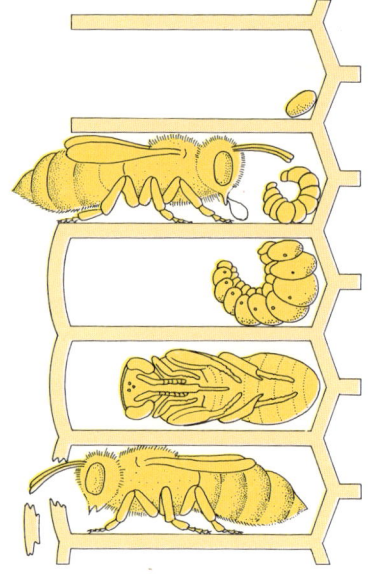

Ei, Larve und Puppe
Die Larven der Arbeitsbienen schlüpfen nach drei Tagen aus dem Ei und werden sechs Tage lang von den Arbeiterinnen gefüttert. Danach spinnen sie sich ein, und die Brutzellen werden von den Arbeitsbienen mit Wachs verdeckelt. 21 bis 22 Tage nach der Eiablage schlüpfen die fertigen Arbeiterinnen.

Im Winter, wenn die Bienen ein verhältnismäßig ruhiges Leben führen, dauert das Leben einer Arbeiterin etwa sechs Monate. Im Sommer dagegen lebt sie nur etwa fünf Wochen als flugfähiges Insekt. In dieser Zeit sind ihre Tätigkeiten genau festgelegt. Im Normalfall schlüpft eine Arbeiterin 21 bis 22 Tage nach der Eiablage aus der Puppe und hat damit ihre körperliche Entwicklung abgeschlossen. Die folgende Zeit gliedert sich in zwei deutliche Abschnitte: Zwanzig Tage lebt die Arbeiterin innerhalb des Nestes (Stockbiene), fünfzehn Tage lang holt sie Futter, Wasser und Kittharz in den Stock (Flugbiene). In den ersten drei Tagen nach dem Schlüpfen wird sie von ihren älteren Kolleginnen gefüttert und versorgt, dann muß sie sich allein aus dem Honigvorrat bedienen und auch ihre ersten Arbeiten übernehmen. Sie beginnt damit, Brutzellen zu säubern und allen Abfall an den Eingang des Stockes zu transportieren. Während dieser Zeit entwickeln sich Futterdrüsen an ihren Kiefern und in ihrem Schlund. Sie sondern eiweißreiches Futter ab, mit dem die Larven der Königinnen gefüttert werden. Etwa zwölf Tage nach ihrem Schlüpfen geben die Stockbienen diese Tätigkeit als Ammenbienen auf und werden zu Baubienen. Aus kleinen Wachsschuppen bauen sie Waben und helfen anschließend, darin Honig und Pollen zu speichern und die gefüllten Honigwaben zu verdeckeln. Fünf Tage lang bewachen sie dann das Flugloch, und danach beginnt ihre Tätigkeit im Außendienst. Sie werden zu Flugbienen. Die Flugbienen haben die schwerste Arbeit zu leisten. Sie sammeln Honig, Pollen und Wasser zur Ernährung des Volkes und Kittharz zur Ausbesserung zerstörter Teile im Stock. Das zehrt an ihren Kräften, und sie sterben bereits nach zwei Wochen.

Die Biene schlüpft
Wenn eine Arbeiterin schlüpft (1), putzt sie sich zuerst und wird dann in den nächsten drei Tagen gefüttert (2). Danach kann sie selbst Honig auflecken (3). Anschließend füttert sie selbst die Larven in den Brutzellen (4). Etwa zwanzig Tage lang lebt sie als Stockbiene innerhalb des Bienenstockes.

Die Ammenbiene

8 bis 12 Tage nachdem sie geschlüpft ist, sind die Futtersaftdrüsen der Biene besonders gut ausgebildet. Sie stehen an den Kiefern und am Schlund und sondern eine eiweißhaltige Nahrung ab, die an die Larven verfüttert wird.

Die Baubienen

Anschließend an ihre Zeit als Ammenbienen sind die Arbeiterinnen als Baubienen tätig. Jetzt werden zahlreiche Wachsschuppen auf der Bauchseite ihres Hinterleibes abgeschieden. Die Baubienen kauen und kneten diese Schuppen so lange durch, bis sie weich sind und zum Bauen von Waben verwendet werden können.

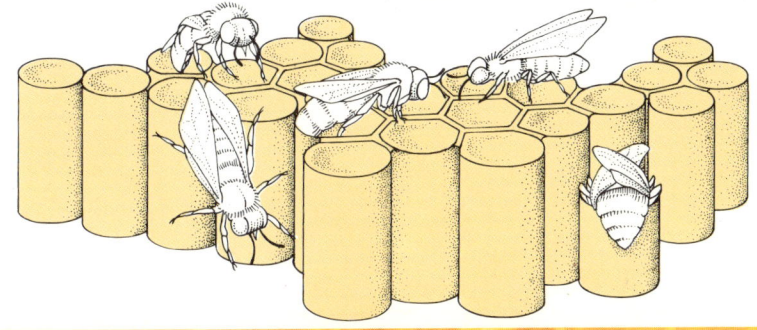

Vorratsbienen

Aus den Baubienen werden Arbeiterinnen, die den eingetragenen Nektar und den Pollen haltbar machen und speichern. Dem Nektar werden körpereigene Stoffe, sogenannte Enzyme, zugemischt, dann wird er entwässert und in Honigwaben gespeichert, die anschließend verdeckt werden.

Die Flugbienen

Fünf Tage verbringen die Stockbienen als Wächterinnen am Flugloch. Sie müssen die anfliegenden Arbeiterinnen kontrollieren, ob sie zum eigenen Stock gehören. An den charakteristischen Duftstoffen, die jede Königin abgibt, können sich alle Tiere eines Stockes erkennen. Nach zwanzig Tagen wird die Stockbiene zur Flugbiene. Sie fliegt jetzt von Blüte zu Blüte und sammelt Pollen und Nektar, aber auch Wasser und Kittharz, um Risse in den Waben auszubessern. Nur zehn bis fünfzehn Tage übt die Arbeiterin diese anstrengende Tätigkeit aus, dann geht ihre Lebenszeit zu Ende und sie stirbt. Honig (1) und Pollen (2) werden in Vorratszellen gespeichert, die neben den Brutzellen mit Eiern (3), Larven (4) und Puppen (5) angelegt werden.

Arbeiterin
beim Wasserlecken

15

Im Nest

Gegen Ende des Sommers geht es im Bienenstock am geschäftigsten zu. Jeden Tag schlüpfen mehr als tausend neue Larven und Arbeiterinnen, und die Ammenbienen sind pausenlos beschäftigt, die vielen hungrigen Mäuler zu stopfen. Die Königin ist von ihrem Hofstaat umgeben und nur auf die Aufgabe konzentriert, Eier zu legen. In dieser Zeit bringt sie es auf eine Tagesleistung von über 1500 Stück.

In den offenen Brutzellen kann man überall Eier und verschieden große Larven erkennen. Die Larven werden zuerst mit einer speziellen Nahrung gefüttert, die aus besonderen Futterdrüsen der Ammenbienen austritt, danach fressen sie Honig und Pollen, die die Arbeiterinnen aus ihrem Honigmagen auswürgen. Am rechten Bildrand ist eine Arbeiterin zu erkennen, die mit dicken Pollenhosen den Stock anfliegt. Dieser Pollen wird in besonderen, gelb gefärbten Zellen aufbewahrt, während die gefüllten Honigzellen braun sind. Über der Pollenträgerin sieht man eine Stockbiene, die einen Tropfen Nektar entgegennimmt, den eine Flugbiene aus ihrem Honigmagen auswürgt.

Den ganzen Sommer hindurch erbetteln die Drohnen Nahrung von den Arbeiterinnen. Am Ende des Sommers sind die Stockbienen nicht mehr bereit, diese nutzlosen Esser mit Honig und Pollen zu versorgen. Am unteren Bildrand ist zu erkennen, wie ein größerer Drohn aus dem Nest geworfen wird. Ohne die Hilfe der Arbeiterinnen kann er nicht überleben, er stirbt an Hunger und Unterkühlung.

Die Königin und ihr Hofstaat sind im oberen Teil des Bildes zu sehen. Zahlreiche Arbeiterinnen putzen sie und lecken zugleich die Duftstoffe auf, die die Königin abgibt und mit denen jedes Tier des Stockes »parfümiert« wird. Auf diese Weise können sich die Bienen eines Staates erkennen. Am unteren Ende der Wabe werden Königinnenzellen angelegt. Sie sind wesentlich größer als die Brutzellen für Arbeiterinnen. Eine junge Königin schlüpft gerade aus. Jetzt muß die alte Königin mit einem Schwarm den Stock verlassen, oder sie wird von der jungen Königin getötet.

17

Blüten und Bienen

Hummel vor den Blüten des Roten Fingerhutes

Sowohl Solitärbienen als auch die staatenbildenden Honigbienen und Hummeln fliegen von Blüte zu Blüte und sammeln Pollen und Nektar. Um an den Nektar zu gelangen, müssen sie tief in die Blüte eindringen, und dabei streifen sie auch Pollenkörner mit ihrem behaarten Rücken ab. Bei der nächsten Blüte wird nur ein Teil der Pollenkörner auf die Narbe dieser Blüte abgestreift. Diese Übertragung nennt man Bestäubung. Auf der Narbe keimen die Pollenkörper nun aus, durchwachsen Narbe, Griffel und Eingang der Samenanlage, bis sie zur Eizelle gelangen. Nun verschmilzt eine männliche Keimzelle, die im Pollenkorn entsteht, mit der Eizelle, und aus dem befruchteten Ei wächst ein Keimling heran. Die Pflanzen sind also in ihrer Vermehrung auf die Blütenbestäuber angewiesen. Sie locken sie mit leuchtenden Farben und starken Gerüchen an, versorgen sie mit Nektar und eiweißhaltigem Pollen und machen ihnen den Zugang zu dieser Nahrung durch besondere Blütenformen leicht. Im allgemeinen bevorzugen Hummeln Blüten mit Lippen und langen Blütenröhren, Bienen dagegen strahlenförmige Blüten mit ausgebreiteten Blumenblättern.

Der Tanz der Bienen

Innerhalb des Stockes teilen sich die Bienen durch tanzartige Bewegungen die Lage von günstigen Nahrungsquellen mit. Die beiden Grundfiguren sind der Rundtanz (A) und der Schwänzeltanz (B). Ist die Nahrungsquelle weniger als 100 m entfernt, so führen sie den Rundtanz auf, ist sie weiter entfernt, führen sie einen Reigen aus Achterfiguren auf. Läuft eine Biene die Wabe gerade hinauf (1), so bedeutet das, die Nahrung liegt zwischen Einflugloch und Sonne. Läuft sie die Wabe gerade hinunter (2), so liegt die Nahrung entgegengesetzt. Liegt sie in einem bestimmten Winkel zu Einflugloch und Sonne, läuft die Biene im gleichen Winkel auf der Wabe umher (3).

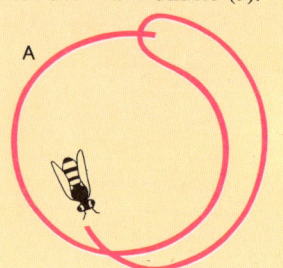

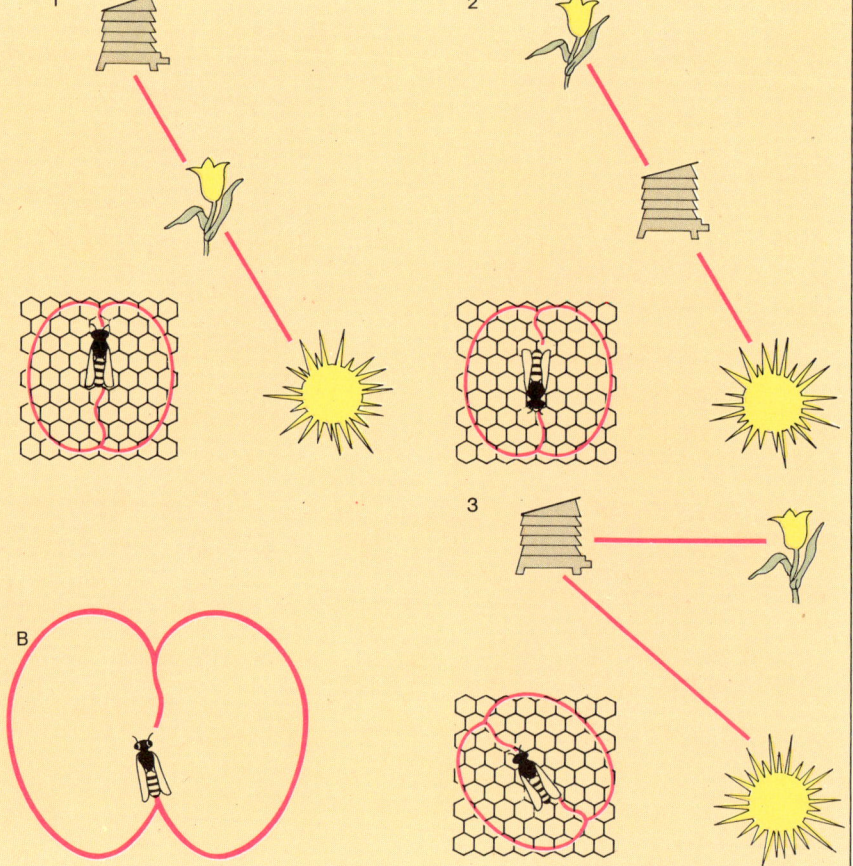

Die Bienenfalle

Die Blüten dieser südamerikanischen Orchideenart haben einen starken Duft, der auf die Biene betäubend wirkt. Das gelähmte Tier fällt in einen wassergefüllten Sack, in dem es so lange umherschwimmt, bis es den richtigen Ausgang gefunden hat. Während es sich hindurchzwängt, wird es mit den Pollensäcken der Blüte beladen. Bei der Gattung *Stanhopea* werden die Bienen ebenfalls betäubt, und beim Herabfallen wird ihr Rücken mit Pollen versehen.

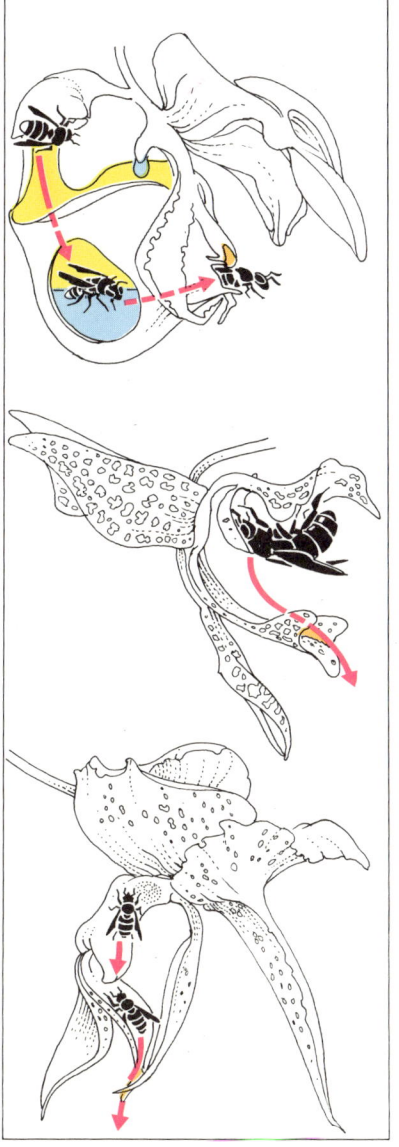

Blütenbestäuber

Nicht nur Bienen und Hummeln, sondern auch Schmetterlinge sind Blütenbestäuber. Schmetterlinge fliegen vor allem auf rote, blaue und violette Blüten mit langen Blütenröhren, in die sie mit ihrem Saugrüssel hineinreichen. Nachtschmetterlinge werden dagegen durch den Duft angelockt. Viele Käfer, die auf den Blüten herumkriechen, sind mehr auf den Pollen aus, den sie begierig auffressen, als auf den Nektar, den sie in vielen Fällen gar nicht beachten.

Käfer auf einer Rose

Windenschwärmer vor einer Blüte vom Tabak

Pelzartige Narben der Iris locken Bienen an

Aurorafalter an einer Blüte von Wiesenschaumkraut

Hummeln

Die behaarte Hummel
Die Erdhummel hat wie auch alle anderen Hummeln einen großen und breiten Körper, der mit einem dichten Pelz bekleidet ist.

Hummeln sind mit den Honigbienen eng verwandt. Sie bilden ebenfalls Staatswesen. Von den Bienen sind sie auf den ersten Blick zu unterscheiden, denn sie sind größer, breiter und viel dichter behaart. Hummeln sind über die gemäßigten Zonen Europas, Asiens und Nordamerikas verbreitet und kommen in Afrika nördlich der Sahara vor. Einige Arten leben sogar in der Arktis, in Australien und Neuseeland.

Die Königin der Hummeln paart sich Ende Sommer oder Anfang Herbst und überwintert. Alle anderen Angehörigen ihres Volkes sterben dagegen ab. Zu Beginn des Frühlings verläßt die Königin ihren Unterschlupf und sucht einen geeigneten Platz für ein Nest, oft wählt sie den verlassenen Bau einer Feldmaus. Nachdem sie sich einige Wochen durch reichliche Nahrungsaufnahme gekräftigt hat, baut sie die erste Eizelle. Sie trägt eine Menge Pollen ein und legt etwa 8 bis 12 Eier darauf ab. Gleichzeitig baut sie am Ausgang des Nestes einen Honigtopf, aus dem sie sich bei schlechtem Wetter ernähren kann. Wenn die ersten Larven aus den Eiern schlüpfen, ernähren sie sich zuerst von ihrem Bett aus Pollenstaub, aber bald reicht diese Nahrung nicht mehr aus. Die Königin beißt ein

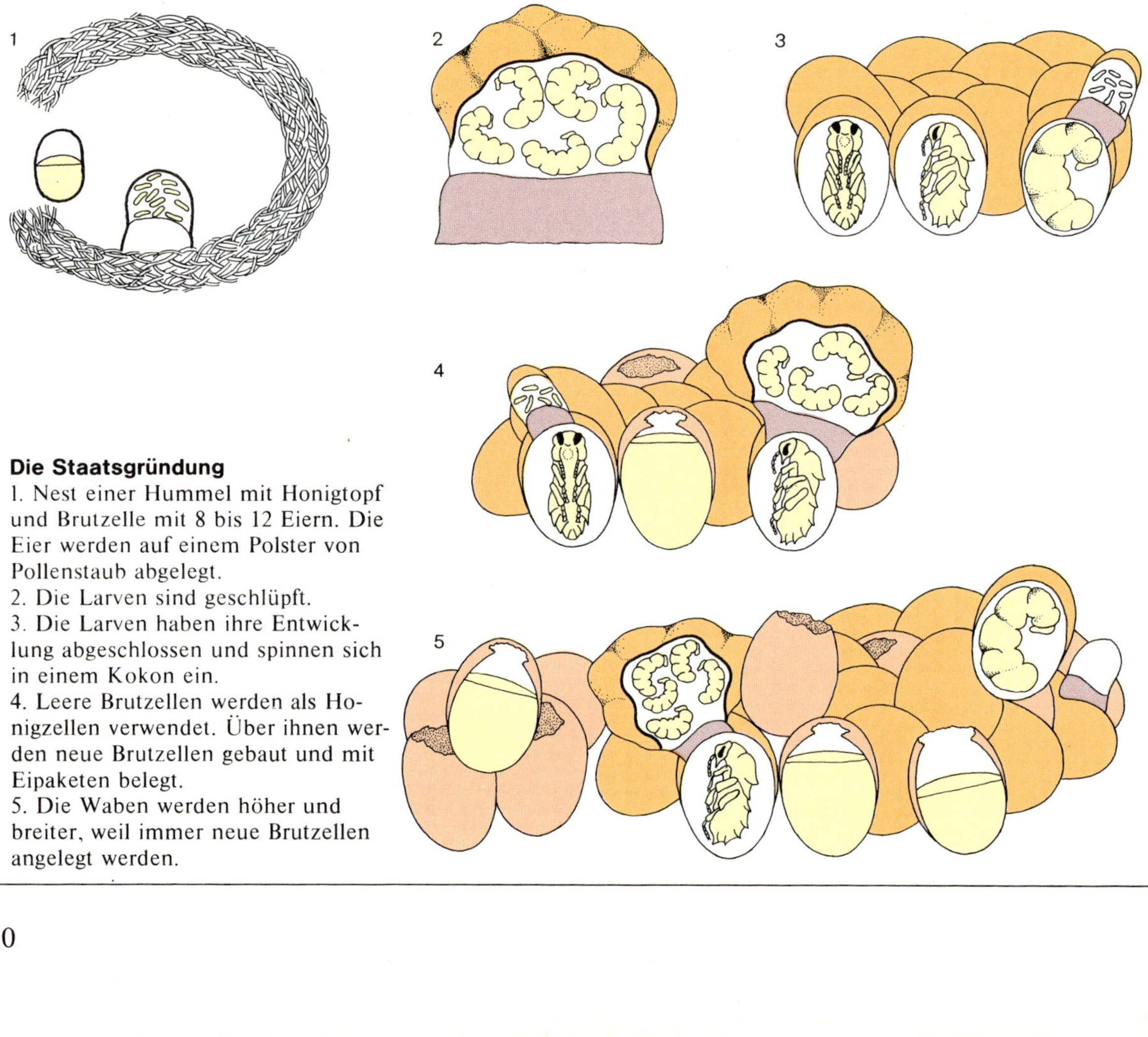

Die Staatsgründung
1. Nest einer Hummel mit Honigtopf und Brutzelle mit 8 bis 12 Eiern. Die Eier werden auf einem Polster von Pollenstaub abgelegt.
2. Die Larven sind geschlüpft.
3. Die Larven haben ihre Entwicklung abgeschlossen und spinnen sich in einem Kokon ein.
4. Leere Brutzellen werden als Honigzellen verwendet. Über ihnen werden neue Brutzellen gebaut und mit Eipaketen belegt.
5. Die Waben werden höher und breiter, weil immer neue Brutzellen angelegt werden.

Loch in die Brutzelle und füttert die Larven mit Honig, den sie aus ihrem Honigmagen würgt. Wenn die Larven heranwachsen, muß die Königin die Brutzellen vergrößern. Erst wenn sich die Larven einspinnen und verpuppen, wird ihre Arbeit leichter, denn für die nächste Brutzelle verwendet die Königin das Wachs der alten Zelle. Lange Zeit liegt sie nun auf den Kokons der Puppen, teils um sich auszuruhen, teils um sie zu wärmen. Dann schlüpfen die ersten Arbeiterinnen und sind bereits nach einem Tag in der Lage, der Königin zu helfen. Zuerst füttern sie die Larven, dann verlassen sie das Nest, um Nektar und Pollen einzutragen. Der Honigtopf hat nun seine Bedeutung verloren, er wird nicht mehr benutzt. Am Ende des Sommers hat der Hummelstaat seine endgültige Größe erreicht. Er besteht jetzt etwa aus 400 Tieren. Nun ist für die Königin die Zeit gekommen, jene Eier zu legen, aus denen neue Königinnen und Männchen schlüpfen sollen. Sie selbst hat sich während der langen Monate förmlich aufgerieben. Ihre Flügel sind zerfetzt, der ehemals dichte Pelz ist in großen Flecken abgerieben. Nach wenigen Wochen stirbt sie, und mit ihr gehen auch die Arbeiterinnen und Männchen zugrunde. Die jungen Königinnen aber suchen sich einen Unterschlupf, in dem sie überwintern.

Und sie fliegt doch
Auf Grund des Verhältnisses zwischen Flügelgröße und Körpergewicht haben Ingenieure errechnet, daß eine Hummel unmöglich fliegen kann!

Das Hummelnest im Sommer
Im Sommer erreicht der Hummelstaat seine endgültige Größe. Zahlreiche Generationen von Arbeiterinnen sind geschlüpft und helfen der Königin jetzt bei der Fütterung der Larven und beim Bau der Brutzellen.

21

Einzeln lebende Bienen

Nicht alle Bienen leben in Staaten zusammen wie Honigbienen und Hummeln. Bei weitem die meisten Arten leben einzeln (solitär). Männchen und Weibchen treffen nur zur Begattung zusammen und trennen sich dann sofort wieder. Die Weibchen verbringen die meiste Zeit ihres kurzen Lebens mit dem Bau eines Nestes, der Eiablage und mit dem Anlegen eines Nahrungsvorrates für die Larven. Noch bevor die Nachkommen aus der Puppe schlüpfen, sterben die Weibchen, so daß es zu keinem Kontakt zwischen den Generationen kommt, wie das bei den Honigbienen so ausgeprägt der Fall ist. Die Larven der einzelnen Bienen können sich sofort, nachdem sie aus dem Ei geschlüpft sind, selbst versorgen. Alle Bienen tragen Vorräte für ihre Nachkommen zusammen, aber Waben aus Wachs und die Herstellung von Honig gibt es nur bei den staatenbildenden Arten.

Die Solitärbienen bauen sehr verschieden aussehende Nester. Besonders eindrucksvoll sind die der Blattschneiderbienen. Im Sommer sieht man an Birkenblättern, aber auch an den Blättern anderer Pflanzen rundliche Ausschnitte. Das ist das Werk von Blattschneiderbienen, die hier Stücke mit ihren scharfen

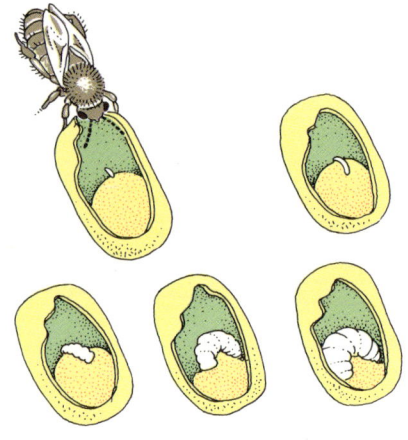

Das Nahrungspaket
Einzeln lebende Bienen stapeln in ihrem Nest Pollenkörner auf, bevor sie ein Ei darin ablegen. Die frisch geschlüpften Larven können sich sofort selbst versorgen.

Blattschneiderbienen
Die Arten dieser Familie bauen ihre Nester in hohlen Pflanzenstengeln, in Holzbalken oder in Erdgängen. Sie werden mit einem Blattstück austapeziert, das die Bienen mit ihren Oberkiefern ausgeschnitten haben. Ein genau passender, kreisförmiger Deckel verschließt das Nest. Die Spuren der Tätigkeit dieser Insekten lassen sich im Sommer an den Blättern vieler Baumarten feststellen.

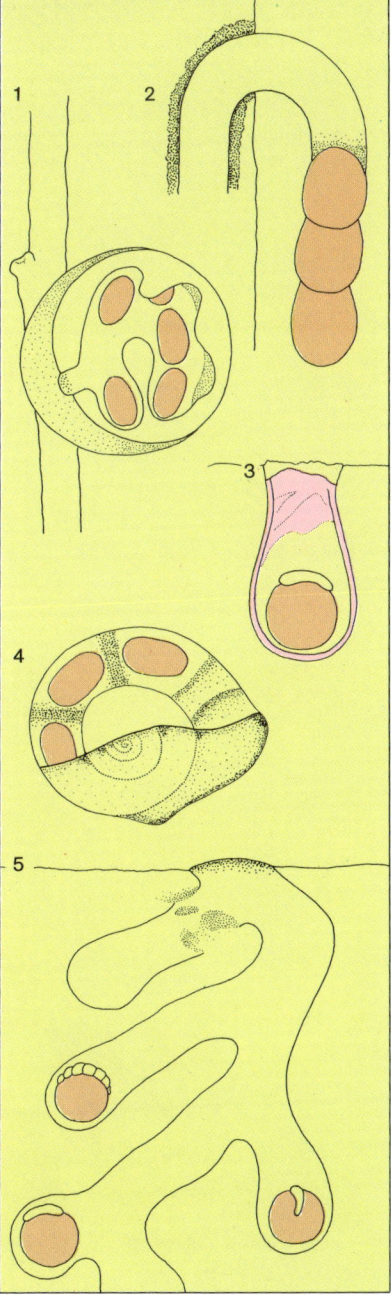

Oberkiefern ausgebissen haben. Sie rollen den Blattabschnitt zu einer Rolle ein und tragen ihn in ihre Höhle – oft ein hohler Pflanzenstengel, ein Holzpfosten oder ein Erdgang. Ein vollendet kreisförmig ausgeschnittener Blatteil dient als Deckel für das Nest. Manche Mauerbienen verwenden sogar ein leeres Schneckenhaus als Nest.

Die Sandbienen graben, wie ihr Name sagt, Gänge in die lockere Erde, die sie mit Speichel auskleiden, damit sie nicht wieder zusammenfallen. Die Gänge verzweigen sich und enden mit einer Brutkammer. Oft geht von ihr ein Schacht an die Erdoberfläche, der für Frischluft sorgt.

Die bis 25 mm langen, kräftigen Holzbienen leben vorwiegend in tropischen Gebieten, aber einige Arten kommen auch bei uns vor. Sie können mit ihren starken Oberkiefern Löcher in Holz beißen, die sie zu einem Nest erweitern. In jedem Nest wird ein Vorrat von Pollenkörnern aufgestapelt, bevor die Eier abgelegt werden.

Die oft sehr kunstvoll angelegten Nester geben keinerlei Hinweise darauf, ob die Tiere, von denen sie stammen, besonders hoch entwickelt sind oder nicht. Im Gegenteil, die am höchsten entwickelten Bienen bauen oft die einfachsten Nester.

Holzbienen
Diese bis 25 mm großen Tiere beißen mit ihren kräftigen Oberkiefern Löcher und Gänge in lebende oder tote Baumstämme. Ihre Nester werden mit zerkauten Holzfasern ausgepolstert und haben oft mehrere Ausgänge für das fertig entwickelte Tier.

Wespen

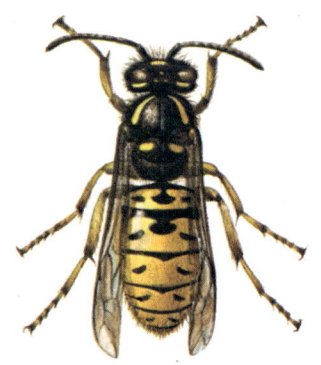

Die Wespenkönigin
Nur die befruchteten Weibchen der Wespen überwintern. Sie suchen an einem trockenen Ort Schutz und überwintern die ungünstige Jahreszeit in einer Art Kältestarre.

Der Nestbau beginnt
In einer Erdhöhle beginnt die Königin im Frühjahr mit dem Nestbau. Aus gekauten Holzfasern, die mit Speichel verkittet werden, wird eine schüsselförmige Außenhülle und eine erste Wabe gebaut (1). Sobald die Arbeiterinnen aus der Puppe geschlüpft sind, werden weitere Waben neben- und untereinander angefügt (2–5). Im Herbst werden in der untersten Wabe Brutzellen für die Königinnen und Männchen gebaut (6).

Es gibt Zehntausende von Wespenarten, und sie sind über die ganze Erde verbreitet. Wie bei den Bienen gibt es unter ihnen einzeln lebende und staatenbildende Arten. Bei den letzteren sind die Tiere in Kasten unterschieden: in Königinnen, Arbeiterinnen und Männchen. Wenigstens als Larven ernähren sich alle Wespen von Fleisch. Die fertigen Tiere fressen auch Nektar und Pollen, und bei den meisten staatenbildenden Arten wird dieses Futter auch in Waben aufbewahrt. Die Weibchen haben einen Giftstachel, mit dem sie ihre Beute töten oder betäuben; bei den staatenbildenden Wespen wird die Beute jedoch mit den starken Kiefern ergriffen und getötet. Die bekanntesten Wespen sind bei uns die Deutsche Wespe und die Gemeine Wespe. Wie bei den Hummeln überwintern nur die befruchteten Königinnen. Im Frühjahr suchen sie eine Erdhöhle oder einen geschützten Dachboden als Nistplatz auf. Das kugelige Nest besteht aus zerkauten Pflanzenfasern, die mit Speichel vermischt eine papierartige Substanz bilden. An einer Wurzel hängend, wird eine erste Wabe angelegt, deren Zellen sich nach unten öffnen. Die Königin legt in jede Brutzelle ein Ei. Sobald die Larven schlüpfen, werden sie mit Insekten und Raupen gefüttert.
Nach wenigen Tagen verlassen die ersten Arbeiterinnen die Puppen und helfen der Königin bei der Fütterung, und bald konzentriert sie sich ausschließlich auf die Eiablage. Im Laufe des Sommers werden noch mehrere Etagen von Waben untereinander angelegt. Eine oder mehrere Außenhüllen umschließen das ganze Nest und sorgen für eine gute Durchlüftung. Im Herbst werden in der untersten Wabe größere Brutzellen gebaut, aus denen junge Königinnen und Männchen schlüpfen. Sie paaren sich außerhalb des Nestes, und die Königinnen suchen sich einen Platz zum Überwintern. Alle anderen Tiere sterben jetzt ab.

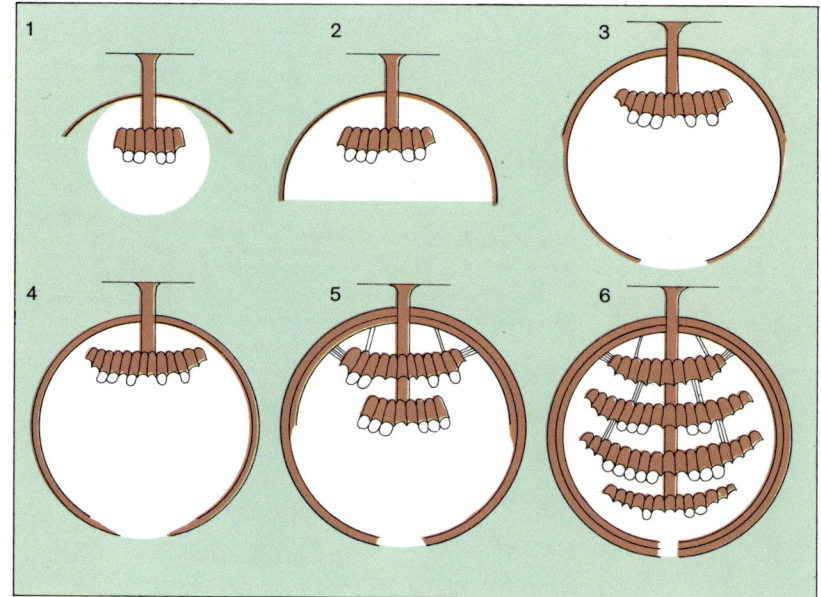

Das Wespennest
Von einer ersten kleinen Wabe ausgehend, werden im Verlaufe des Sommers noch mehrere Waben hinzugefügt. Ihre Brutzellen sind nach unten geöffnet, und in ihnen liegen die Larven kopfabwärts und lassen sich von den Arbeiterinnen mit zerkauten Insekten füttern. Eine oder mehrere Außenhüllen schützen das Nest und sorgen für eine gute Durchlüftung.

»Waisenkinder«

Die meisten Wespenarten bilden keine Staaten, sondern sind einzeln lebende Tiere. Sie versorgen ihre Larven nicht mit Pollenpaketen und Nektar, sondern mit dem Fleisch von Insekten und Spinnen. Nachdem die Weibchen von den Männchen befruchtet worden sind, suchen sie einen geeigneten Platz, an dem sie ihre Eier ablegen können. Sie sterben, noch bevor die Larven geschlüpft sind.

Bei manchen solitär lebenden Wespen bauen die Weibchen aus Lehm und Speichel ein topfförmiges Nest. Die Pillenwespe geht sofort, nachdem dieser Topf fertig ist, auf die Jagd nach einer Raupe. Sie sticht das Beutetier so geschickt, daß es zwar gelähmt ist, aber nicht stirbt. Die Raupe wird in den Topf getan, ein Ei darauf abgelegt und der Topf mit einem Lehmstöpsel verschlossen. Die nach einigen Tagen ausschlüpfende Larve ist so reichlich mit Frischfleisch versorgt. Sie verzehrt die Raupe und verpuppt sich.

Auch die Grabwespen bauen auf ähnliche Weise ein Nest, aber bei ihnen wird es an einer Hauswand oder an einem Felsen befestigt. Mehrere Zellen liegen nebeneinander und werden so geschickt mit Erde verputzt, daß sie sich nicht von der Unterlage unterscheiden. Bei anderen Arten werden die Nester wie die Orgelpfeifen aufrecht nebeneinander gestellt.

Wegwespen machen Jagd auf Spinnen. Wenn sie ein Opfer gefunden haben, betäuben sie es durch einen Stich und ziehen es an einen geeigneten Platz für ein Nest. Abwechselnd muß die Wegwespe nun graben und aufpassen, daß ihr die Spinne nicht gestohlen wird. Zuletzt mauert sie sie in das Nest ein, legt ein Ei darauf ab und verschließt das Ganze. Bis zu zwanzigmal wird dieses Verfahren wiederholt.

Spinnentöter
Diese in den Tropen lebenden Wegwespen sind außerordentlich kräftig und lähmen auch die größten Spinnen mit einem einzigen Stich. Die Beute wird in ein Erdnest getragen und eingemauert, nachdem ein Ei darauf abgelegt ist. Selbst eine Vogelspinne wird von manchen Wespenarten überwältigt.

Kuckuckswespen

Die zahlreichen Arten der Familie der Goldwespen fallen durch ihre prachtvolle metallische Körperfarbe auf. Sie leben allesamt als Schmarotzer bei anderen Hautflüglern – zum Beispiel bei den Bienen – und sind an deren Brutplätzen häufig anzutreffen. Dort fressen sie entweder Honig oder schmuggeln ihre Eier ein. Da ihre Wirte sehr wehrhaft sind, die Goldwespen selbst aber keinen Stachel haben, rollen sie sich – sobald sie beim Schmarotzen ‚ertappt' werden – zu einer Kugel zusammen und stellen sich tot. Die Wirte schaffen das scheinbar leblose Tier aus ihrem Nest.

Grabwespe

Baumeister

Einzeln lebende Wespen bauen die verschiedensten Arten von Nestern. Viele verwenden dazu Sand und Lehm, den sie mit ihrem Speichel vermischen und so lange kneten, bis er sich in die gewünschte Form bringen läßt.

Lehmwespe

Pillenwespe

Gallwespen

Die Weibchen dieser Wespen legen ihre Eier in den Blättern der verschiedensten Pflanzen ab. Die Pflanze reagiert darauf mit einer Gewebewucherung, der Galle.

Moosgalle auf Rosen

Gallen der Eichengallwespe und ihre Larve

27

Freunde und Feinde

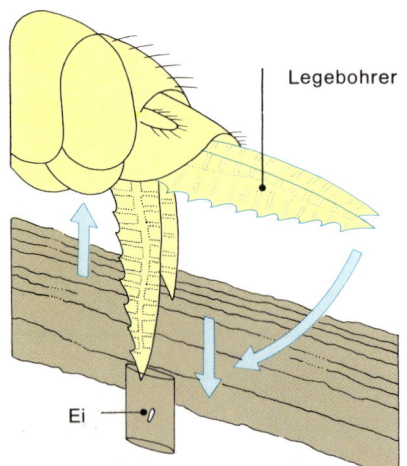

Blattwespen und Holzwespen
Der Legebohrer dieser urtümlichen
Hautflügler ist nicht zu einem Giftstachel umgebildet, sondern wird
zum Ablegen der Eier verwendet.
Bei den Holzwespen ist er so dünn,
daß die Wespe tief in einen Baumstamm stechen kann. Bei den Blattwespen ist er wie eine Säge ausgebildet. Das Tier schlitzt damit Löcher
in ein Blatt und legt darin seine Eier
ab.

Die am einfachsten gebauten Hautflügler sind die Pflanzenwespen. Sie haben keine Wespentaille, denn bei ihnen ist der Hinterleib in seiner ganzen Breite mit dem Brustabschnitt verwachsen.
Außerdem ist der Legebohrer, den die Weibchen an ihrem Hin-
terende haben, nicht zu einem Giftstachel umgebildet. Er ist viel-
mehr bei den Blattwespen wie eine Säge ausgebildet, und
tatsächlich schlitzen diese Tiere damit Löcher in die Blattränder,
in die sie dann ihre Eier ablegen. Die aus den Eiern schlüpfenden
Larven müssen sich sogleich selbst versorgen. Ähnlich wie Raupen kriechen sie auf den Pflanzen herum und benagen die
Blätter. Deshalb gehören zu dieser Gruppe wichtige Schädlinge,
zum Beispiel die Getreidehalmwespe, die Getreidehalme be-
fällt und sie von innen her zerstört. Viele Pflanzenwespen
verpuppen sich unter der Erdoberfläche, andere unter der Borke,
in Zweigen und Früchten oder im verrotteten Holz von Bäumen.
Die Holzwespen können mit ihrem dünnen Legebohrer sogar
tief in den Stamm von Bäumen eindringen, um ihre Eier abzu-
legen. Die Larven wachsen nur langsam heran, da ihr Futter
nicht sehr nahrhaft ist. Manche brauchen Jahre, ehe sie sich
verpuppen und ihre Baumhöhlen verlassen.
Manche Schlupfwespen leben von den Larven der Holzwespen.
Niemand weiß wie, aber die Schlupfwespe schafft es, die im
Holz lebende Holzwespe aufzuspüren und mit ihrem langen
Legerohr ein Ei in die Larve zu legen. Die Schlupfwespenlarve
frißt ihren Wirt allmählich auf, begnügt sich aber zuerst mit den
nicht lebensnotwendigen Teilen. Die Holzwespe frißt sich langsam durch die Borke hindurch, um sich am Baumstamm zu
verpuppen. Sobald sie ins Freie durchgedrungen ist, wird sie
von der Schlupfwespe getötet, die sich nun selbst verpuppt.

Der Schädling wird geschädigt
Holzwespen richten erhebliche
Schäden in Wäldern an, aber sie haben auch Feinde, die ihre Anzahl in
Grenzen halten. Schlupfwespen spü-
ren die Larven der Holzwespe auf
und legen ein Ei in sie hinein. Die
Holzwespe kann zwar noch die Ober-
fläche des Stammes erreichen, wird
bis dahin aber von der Larve der
Schlupfwespe allmählich aufgefressen.

Die nützlichen Hautflügler

Bienen, Wespen und Hummeln haben wichtige Aufgaben im Kreislauf der Natur, und es ist eigentlich überflüssig, danach zu fragen, ob sie für den Menschen nützlich oder schädlich sind. Ihr wirtschaftlicher Wert ist unüberschätzbar, denn sie spielen bei der Vermehrung zahlreicher Nutzpflanzen eine entscheidende Rolle. Die Produktion von Honig, Wachs und Bienengift ist gemessen daran sogar von zweitrangiger Bedeutung. Auch die Nützlichkeit der einzeln lebenden Wespenarten ist viel zu wenig bekannt. Ohne die Schlupfwespen zum Beispiel wären unsere Wälder schon längst mit Stumpf und Stiel von Schadinsekten aufgefressen. Schlupfwespen legen ein Ei in die Larve eines solchen Schädlings, und wenn die Schlupfwespenlarve ausschlüpft, frißt sie ihren Wirt auf. Die Menge der Schädlinge, die auf diese Weise getötet werden, läßt sich überhaupt nicht mit Zahlen ausdrücken. In viele tropische Länder hat man deshalb bestimmte Schlupfwespen eingeführt, um mit ihnen sogenannte biologische Schädlingsbekämpfung zu betreiben.

Seit mehr als 100 Millionen Jahren bestäuben die Bienen, Wespen und Hummeln die Blüten der Pflanzen. Im Verlaufe dieser unvorstellbar langen Zeit ist eine immer bessere Anpassung der Pflanzen an die Blütenbestäuber erfolgt. Duft und Farbe, Größe und Form der Blüten sind in hunderttausendfacher Abwandlung zu immer neuen Ausbildungen kombiniert worden. Und so gesehen ist es vielleicht das größte Verdienst dieser Insekten, daß sie für die bunte Blumenpracht gesorgt haben, die uns heute erfreut.